AF329400

✝

ALLOCUTION

PRONONCÉE LE 4 JANVIER 1889

A Paris, en l'Église de Saint-François-Xavier

AU SERVICE FUNÈBRE

POUR LE REPOS DE L'AME DE

M. BERNARD DE NANTEUIL

Enseigne de Vaisseau

PAR

M. l'Abbé Charles PERRAUD

Chanoine honoraire d'Autun

SUIVIE DES

PAROLES PRONONCÉES LE 13 DÉCEMBRE 1888

Au Cimetière de Vallauris

PAR

L'AMIRAL DU PETIT-THOUARS

Commandant en Chef de l'Escadre

✝

ALLOCUTION

PRONONCÉE LE 4 JANVIER 1889

A Paris, en l'Église de Saint-François-Xavier

AU SERVICE FUNÈBRE

POUR LE REPOS DE L'AME DE

M. BERNARD DE NANTEUIL

Enseigne de Vaisseau

PAR

M. l'Abbé Charles PERRAUD

Chanoine honoraire d'Autun

SUIVIE DES

PAROLES PRONONCÉES LE 13 DÉCEMBRE 1888

Au Cimetière de Vallauris

PAR

L'Amiral DU PETIT-THOUARS

Commandant en Chef de l'Escadre

ALLOCUTION

Prononcée le 4 Janvier 1889

AU SERVICE FUNÈBRE

POUR LE REPOS DE L'AME

DE

M. BERNARD DE NANTEUIL

Enseigne de Vaisseau

Tué en service commandé

à bord de l'*Amiral-Duperré* **le 12 décembre 1888**

MESSIEURS,

Aucune parole ne saurait égaler les cruelles, mais salutaires leçons de la mort.

C'est pour cela qu'en face du terrifiant événement dont le souvenir nous accable, il eût mieux valu, ce semble, rester sous le poids de notre consternation, et ne parler qu'à Dieu dans le silence de la prière et dans l'amer soulagement des larmes.

Si je parais en ce moment au milieu de vous,

et si j'ai accepté l'honneur immérité d'adresser un suprême adieu à ce jeune homme que je n'ai pas eu la joie de connaître, c'est que sa pauvre mère l'a voulu, et qu'à une telle douleur il était impossible de rien refuser. Permettez-moi donc, Messieurs, de ne penser qu'à elle, et de ne parler que pour elle, en essayant de vous parler de lui.

Bernard de Nanteuil n'avait pas encore vingt-quatre ans.

Intelligent, distingué, modeste, il avait un cœur bon et loyal, et portait avec honneur le nom d'une noble et religieuse famille. Devant lui s'ouvrait un brillant avenir dans cette belle carrière de la marine qu'il avait choisie. Il était aimé et considéré de ses chefs comme de ses camarades. Tous l'ont pleuré, et à la nouvelle de sa mort le deuil était général à Toulon.

Rien de plus touchant que les lettres adressées à sa pauvre mère, non certes pour essayer de la consoler, on la savait inconsolable, mais pour lui exprimer en termes chaleureux la profondeur des regrets que sa perte avait causés.

« Au cimetière de Vallauris, écrit un de ses compagnons d'armes, les larmes coulaient de tous les yeux. Pour moi, ajoute-t-il, j'éprouvais un sentiment de tristesse et de regrets indéfinissables. Je ne pouvais croire que ce fils si aimé, et qui était l'orgueil de sa mère, lui eût été si prématurément enlevé. Tout le monde en parlait et faisait de lui les plus grands éloges. »

Quant à moi, qui n'ai pu le connaître qu'à travers la mort, et par le témoignage de ses amis, il m'a suffi de ce rapide regard pour sentir mon cœur attiré vers lui.

Peu de jours avant la catastrophe, au mariage d'un frère dont il était venu contempler le bonheur, il avait produit sur les assistants cette excellente impression qui résulte de l'alliance de la jeunesse avec une parfaite modestie et une mâle simplicité; ses franches et gracieuses façons avaient charmé tout le monde.

C'est au retour de cette fête de famille, et au lendemain du jour où, pour la dernière fois, hélas! il avait la joie d'embrasser une mère qu'il aimait avec passion, que l'explosion d'une force inconsciente et aveugle l'a foudroyé.

L'énorme canon d'acier vole en éclats, et lorsque le nuage de fumée s'est dissipé, à la place du jeune officier et des cinq marins qui manœuvraient sous ses ordres, on ne retrouve plus que quelques débris sanglants.

Hélas! de Bernard de Nanteuil il ne reste rien, pas même un lambeau de son glorieux uniforme.

Et pourtant, avec quel amour sa pauvre mère n'eût-elle pas conservé la moindre de ses reliques, pour la porter toujours sur son cœur, et pour la couvrir de ses larmes et de ses baisers! Mais non, Dieu, qui lui avait tant donné, a voulu tout lui reprendre, et il lui a refusé jusqu'à la douloureuse consolation de contempler une dernière fois le visage de son enfant.

A-t-il été pulvérisé par l'explosion, enseveli sous les flots, ou consumé par l'incendie qui avait commencé de se communiquer au navire? Nul ne le saura jamais. Aussi nous pouvons bien célébrer aujourd'hui un service funèbre pour le repos de son âme, mais c'est Dieu lui-même qui a voulu pourvoir à ses funérailles, et fixer, dans un secret connu de lui seul, la mystérieuse sépulture de ce corps tout à l'heure brillant de jeunesse, et subitement anéanti.

Au premier abord, y a-t-il rien de plus navrant

que cette destruction totale de la dépouille terrestre, que cette seconde absence de l'absent, que cette disparition instantanée qui déconcerte et qui confond l'imagination ?

Que dire à cette mère, abimée dans sa douleur, et qui n'aura pas la suprême ressource de conduire son fils à sa dernière demeure, et d'aller, loin du regard des hommes, pleurer toute seule sur son tombeau ?

Voici ce que j'oserai lui dire :

Il ne reste rien du corps de votre enfant ; ne le cherchez donc plus sur la terre, levez vos yeux en haut, et cherchez-le au Ciel !

Certes, le culte des tombeaux est respectable, et nulle part peut-être la sépulture des morts n'est mieux honorée qu'à Paris. Ces inscriptions qui disent tant de regrets, ces fleurs entretenues avec sollicitude, ces couronnes sans cesse renouvelées, tous ces témoignages de fidélité ont leur touchante poésie. Mais pourquoi n'avouerait-on pas que, parfois, ces soins pieux absorbent trop la pensée, et enchaînent, pour ainsi dire, nos regrets à la terre, au lieu de porter nos désirs en haut ?

Car la vraie leçon de la mort devrait être d'aider les vivants à laisser derrière eux les douloureux et stériles souvenirs d'un passé irréparable, pour s'attacher aux rassurantes certitudes de l'immortalité et aux espérances de l'éternelle réunion.

Mais ici, sous le coup de foudre qui a tout détruit, ni l'illusion ni le partage même du cœur ne sont possibles. Quand l'être matériel qu'on a vu, touché, embrassé, a disparu dans l'immensité comme une goutte d'eau dans un brasier ardent, de l'excès même d'un tel malheur, et de ses épouvantes tragiques, surgit l'idée grandiose qui transfigure le deuil, le rayon divin qui, sur le front même de la mort, fait resplendir le signe de l'immortalité.

Oui, c'est sur ce rien, sur cette ruine totale du corps, que la raison et la foi voient apparaître, dans une plus irrésistible évidence, la supériorité, la victoire, le tout de cette indestructible merveille qui s'appelle l'âme humaine. Celui qui a voulu la faire à son image n'a-t-il pas dit de lui-même : « Je ne suis pas le Dieu des morts, mais le Dieu des vivants » ?

L'ouragan de fer et de feu a dispersé les éléments de l'être physique ; il n'a pu atteindre ni même effleurer l'âme, et Jésus-Christ nous commande, avec cette divine autorité qui ne laisse pas de place au doute, « de ne pas craindre ceux qui tuent le corps, mais qui ne peuvent pas tuer l'âme [1] ».

O vous qui aviez initié l'âme de votre fils à la foi chrétienne, vous qui aviez prié avec tant de sollicitude pour son salut, réjouissez-vous dans votre douleur, car vous savez qu'il n'avait pas attendu à la dernière heure pour se souvenir des enseignements maternels, et pour se réconcilier avec Dieu.

Oui, Messieurs, je suis heureux de pouvoir le dire devant vous, le jeune enseigne de vaisseau n'était pas seulement le fils respectueux et tendre, l'ami sincère, l'officier irréprochable, l'homme du devoir professionnel, il était aussi l'homme du devoir envers Dieu.

En pensant à lui et à celle qui le pleure, je me suis souvenu d'un autre admirable exemple.

1. Saint Matthieu, x, 28.

C'était au début de la guerre du Tonkin. Le commandant Berthe de Villers, la poitrine percée de trois balles, allait mourir. Il voulut recevoir tous les secours de la religion. Puis, donnant sa dernière pensée à la noble compagne qui porte si dignement son nom, il murmura ces mots à l'oreille du prêtre, son ami : « Dites à ma femme que je meurs en soldat et en chrétien. »

Cette parole, si simple et si grande, il me semble que le cher enfant dont l'âme est invisiblement présente au milieu de nous, me charge de la redire en ce moment à sa mère. Il est mort en soldat et en chrétien, c'est-à-dire, Messieurs, il est mort comme il avait vécu.

N'était-il pas aussi de la lignée de ce marin illustre, le plus noble caractère que la France ait eu de nos jours à admirer et à pleurer ; et ne manquerais-je pas, en quelque sorte, à un devoir, si, en face des représentants de la marine française, je ne rapprochais du nom de Bernard de Nanteuil et de son humble exemple, le grand nom et le glorieux exemple de l'amiral Courbet ?

Lorsque, consumé par le chagrin plus encore que par la maladie, l'héroïque marin sentit que

Dieu seul allait le récompenser de tant d'amer-
tumes dévorées en secret, et de tant de sacrifices
humainement inutiles, il voulut se préparer dignement au suprême et solennel voyage.

En quelques lignes, d'une éloquente brièveté,
le médecin en chef de l'escadre[1] a retracé ainsi
cette mémorable scène : « Le vaillant marin, qui
avait vécu en croyant, voulait mourir en chrétien. Le prêtre lui administra les derniers sacre-
ments, que le malade reçut en pleine connais-
sance, avec la foi la plus vive. »

Et, au lendemain de la catastrophe du 12 décembre, le prêtre dévoué qui a reçu les dernières
confidences de Bernard de Nanteuil écrivait à sa
mère ces lignes qu'elle relira souvent : « Votre
pauvre enfant était venu se confesser il y a peu
de jours, et avait communié dans notre chapelle
avec une piété qui avait on ne peut plus édifié.
Il n'y a donc pas lieu de s'inquiéter de son âme.
Il était, au reste, si bon, et il meurt martyr du
devoir. Dieu lui doit donc une belle couronne[2]. »

1. M. le docteur Doué.
2. Mgr Guigou, protonotaire apostolique.
Le 7 janvier 1889, M. l'abbé Lacroix, aumônier de l'hô-

Messieurs,

Ceux que nous pleurons n'ont fait que nous précéder ; pensons que nous ne tarderons pas à les suivre. Tenons-nous toujours prêts, car nous ne savons ni le jour ni l'heure.

Nous aussi, ne l'oublions pas, nous sommes des âmes immortelles, et notre destinée ne se borne ni aux joies ni aux douleurs d'ici-bas.

En attendant, soyons les serviteurs dévoués de notre patrie, et faisons trêve à ces funestes divisions qui la troublent et qui l'épuisent.

Montrons-nous toujours les hommes de l'honneur, du devoir et de l'abnégation.

Rappelons-nous que la France n'est pas encore complètement relevée de ses terribles dé-

pital de la marine de Toulon, rendait le même témoignage : « M. de Nanteuil, écrivait-il, venait régulièrement se confesser et communier. J'admirais la foi profonde de ce jeune officier, dont j'ignorais le nom, et qui profitait de chaque occasion de passage ou de séjour à Toulon pour remplir ses devoirs religieux. »

J'aime aussi à rappeler ce mot de l'amiral du Petit-Thouars : « Rien n'était meilleur que lui. »

sastres, et qu'elle a besoin du fraternel accord de tous ses enfants pour guérir ses blessures, pour reconquérir sa gloire passée, et pour ressaisir l'influence qu'elle a si longtemps exercée sur le monde.

C'est en vain, croyez-le bien, qu'on cherche à asseoir en dehors de l'Évangile les fondements de la prospérité publique, et qu'on demande aux désolantes négations du matérialisme les dévouements et les vertus sans lesquels une nation n'aura jamais que les apparences de la liberté, et l'illusion du progrès.

A ces hommes qui dédaignent ou qui combattent le Christianisme, la philosophie païenne, par la bouche de Cicéron, adresse ce solennel avertissement : « La première société de l'homme est sa société avec Dieu [1]. »

La première, et la dernière aussi, car Dieu qui est le point de départ de nos destinées, en est encore le terme, et en lui seul nous retrouverons ceux que nous voulons éternellement aimer.

1. *De Legibus*, I, c. 7.

L'amiral du Petit-Thouars l'a dit éloquemment; et, en finissant, j'aime à lui emprunter cette belle parole : « Leurs âmes se sont envolées vers Dieu. Ils sont morts pour leur pays... morts pour vivre toujours [1]. »

1. « Aux yeux des insensés, dit l'Ancien Testament, ils ont semblé mourir; leur fin a été estimée une affliction, et leur sortie du milieu de nous un anéantissement. Mais ils sont dans la paix, et leur espérance est pleine d'immortalité. » (*Sagesse*, ch. II. v. 2 à 4.)

La mort a fauché parmi nous !... La terre va recouvrir les débris mutilés de nos camarades du *Duperré*; la mer a déjà englouti les autres, et tout serait fini pour ceux que nous avons aimés, si l'homme n'avait un cœur et une âme.

Le cœur ! Ah ! il saigne, il est déchiré chez nous par cette brutale séparation... Mais il ne gardera que plus fidèlement leur souvenir, et il honorera leur mémoire.

Leurs âmes, à eux ! Ah ! il suffit de jeter un regard sur cette croix qui va abriter leurs restes; de se rappeler qu'ils ont trouvé la mort dans l'accomplissement de leur devoir, pour sentir qu'elles se sont envolées vers Dieu, et qu'elles y reposent en paix.

En rentrant à bord ce soir, mes garçons, nous chérirons davantage ces planches sacrées qui portent le pavillon de la France, ces planches qui viennent d'être arrosées de leur sang généreux.

La France se souviendra d'eux, et les noms de Nanteuil, de Jaffrès, Petton, Porcher, Vauquier, Gneau, se graveront à côté de ceux qui sont morts pour leur pays... morts pour vivre toujours.

3567. — Paris, imprimerie D. Jouaust, rue de Lille, 7.